AF339431

PRÉCIS

DE

PÉDAGOGIE

PRÉCIS

DE

PÉDAGOGIE

A L'USAGE DES

Jeunes Professeurs de l'Enseignement secondaire

PAR

l'abbé Ch. GUILLEMANT

SUPÉRIEUR DU PETIT SÉMINAIRE D'ARRAS

Imprimerie SUEUR-CHARRUEY

ARRAS   PARIS
10, rue des Balances   41, rue de Vaugirard

ÉVÊCHÉ
D'ARRAS

Arras, le 28 août 1905.

Cher Monsieur le Supérieur,

J'ai lu avec intérêt le travail que vous m'avez communiqué, et je vous remercie d'en avoir achevé la première partie.

Il sera, je n'en doute pas, d'un grand avantage pour la formation pédagogique des jeunes maîtres de notre enseignement secondaire. Messieurs les Supérieurs et Préfets des études y trouveront le canevas et la matière de Conférences spéciales fort utiles aux débutants ; ceux-ci, sans trop de peine, pourront approfondir un si important sujet, en étudiant les passages essentiels des ouvrages que vous indiquez avec tant de compétence.

C'est le but que nous avons désiré atteindre. Vous avez bien voulu vous charger de nous en fournir le moyen. Vous rendez ainsi un nouveau service à la cause de l'enseignement, qui vous doit déjà beaucoup.

Veuillez agréer, cher Monsieur le Supérieur, l'expression de mon affectueux dévouement en N. S.

F. LEJEUNE,
Vicaire-Général.

AVANT-PROPOS

Nous n'avons pas la prétention de publier, après tant de maîtres illustres, un nouveau Traité de Pédagogie. Notre ambition est plus modeste.

Sous une forme simple et concise, nous avons voulu offrir, à ceux qui débutent dans la carrière de l'enseignement secondaire, le résumé de l'expérience de leurs devanciers.

Les jeunes gens qui nous arrivent périodiquement, du Grand Séminaire, pour renforcer nos rangs, sont les premiers à reconnaître, pour eux, la nécessité d'une formation pédagogique. Ils savent que l'éducation est un art difficile et complexe entre tous ; et ils seraient heureux d'avoir à leur disposition un Manuel, court et commode, qui essaie de suppléer à leur inexpé-

rience, et de diminuer les laborieux tâtonne-
ments auxquels ils sont trop souvent réduits.

Et c'est là le premier but de ce travail.

Mais rien ne remplace l'enseignement oral.
Quelques conférences familières, des causeries
intimes où, sous la direction du Supérieur, du
Préfet des Études, d'un collègue plus âgé, des
professeurs parleraient entre eux des « choses
du métier, » ont paru, aux yeux de l'autorité, le
moyen le plus efficace d'apprendre les secrets
de la stratégie professionnelle aux recrues de
cette petite armée qui s'appelle notre corps
enseignant (1).

A ces conférences, à ces causeries, il fallait
un thème suivi. Il suffisait pour cela de réunir,
de coordonner, de préciser ce que nous avons
appris des maîtres renommés qui furent nos
prédécesseurs ; en y joignant ce que livres et
revues ont publié de meilleur sur l'enseignement,
la discipline et l'éducation (2).

______

(1) Réunion pédagogique du 18 Mai 1905.

(2) Il serait utile, à ce point de vue, de constituer, dans
chaque maison, une petite Bibliothèque pédagogique.

Ce serait le meilleur moyen d'éclairer et de commenter les
pages qui vont suivre.

C'est ce que, sur une invitation qui, pour nous, valait un ordre, nous avons tenté de faire ici.

On chercherait vainement, dans ces pages, des vues personnelles et originales : le but même que nous poursuivions nous les interdisait.

Nous n'avons visé qu'à être pratique, à être utile ; et si ce *Précis* pouvait aider quelque jeune confrère à acquérir plus d'autorité, à mieux faire sa classe, à devenir maître, à son tour, dans l'art de former l'esprit, le caractère, et l'âme des enfants, nous nous estimerions suffisamment payé de notre peine.

NOTIONS PRÉLIMINAIRES

I. — De l'Entrée en Fonctions (1)

Les dispositions avec lesquelles un nouveau professeur aborde ses fonctions sont très importantes, non seulement pour faciliter ses débuts, et lui éviter beaucoup de faux pas, mais pour assurer, avec ses progrès, le succès de l'œuvre qui lui est confiée.

Nous le supposons généreux et plein de bonne volonté. Que va-t-il tâcher d'acquérir ? d'éviter ?

1° CE QU'IL DOIT TACHER D'ACQUÉRIR.

Un professeur digne de ce nom doit être pénétré d'une *haute estime pour ses fonctions ;* — ses forces seront doublées s'il s'*attache de tout cœur au Séminaire ou au Collège dans lequel la Providence l'a placé,* — il con-

---

(1) Dans la rédaction de cet article, nous avons fait de larges emprunts au *Petit Directoire du Prêtre Éducateur,* par l'abbé DEMENTHON, dont le chapitre I : *Devoirs généraux du Prê.re Éducateur,* est excellent. — Paris, Beauchesne, 1902.

querra toutes les sympathies s'il connaît l'*art délicat de traiter*, comme il convient, ses supérieurs, ses collègues, ses élèves, les parents de ses élèves.

DE L'ESTIME QUE MÉRITE LE MINISTÈRE DE L'ÉDUCATION

a) Au point de vue surnaturel, c'est un ministère éminemment sacerdotal, et conforme à toutes les traditions de l'Eglise. Notre but n'est-il pas de former des chrétiens, de préparer des apôtres, de diriger vers le sacerdoce les âmes d'élite ?

Sans doute, les dé⸱ ⸱ets, les défections, les déceptions sont inévitables. Mais, malgré tout, l'éducation compte parmi les plus efficaces de nos moyens d'apostolat ; et si la région du Nord passe pour une des plus catholiques de France, elle le doit, en grande partie, à nos anciennes et florissantes maisons d'enseignement secondaire.

b) Au point de vue humain, c'est un levier d'une puissance incalculable, que Napoléon, et, après lui, tous les gouvernements, ont essayé d'accaparer, ou de faire manœuvrer à leur profit. Agir sur les idées, les sentiments, la « mentalité » de toute une série de générations; former une élite intellectuelle et sociale, et, par elle, influer sur le pays tout entier, tel a toujours été leur rêve.

Ils savaient bien que ces pénibles et obscurs travaux sont de ceux dont on ne recueille pas immédiatement des fruits : *Alius est qui seminat, et alius est qui metit.* Ils ont cru cependant qu'il ne fallait épargner aucun effort, en raison de la certitude et de l'importance du résultat final. Les armes à longue portée ne sont elles pas les plus redoutables ? Qui est maître de l'éducation dans un pays, finit par être maître de ce pays. *Fas est et ab hoste doceri.*

C'est de ces hauteurs qu'il convient d'apprécier ce que les détails de la vie d'un professeur peuvent avoir, parfois, d'humble et de rebutant pour, un cœur sacerdotal : luttes contre la paresse ou l'étourderie des élèves, éléments de grammaire ou d'arithmétique à faire entrer dans des têtes dures et légères, surveillances fatigantes dans un lieu de passage ou une cour de récréation... Sans ces minuties, il est impossible d'atteindre le but final.

c) *A notre point de vue personnel,* les austérités et les assujettissements qu'entraînent nos fonctions sont compensés par plusieurs avantages: *la vie de communauté* nous préserve, nous édifie, nous impose une règle, nous donne le charme d'une société choisie : — l'atmosphère même où nous vivons, l'accomplissement de nos devoirs d'état, l'entraînement de l'exemple, la facilité avec laquelle nous trouvons des instruments de travail, des conseils, une direction, un contrôle, tout nous pousse vers l'*étude;* — l'exercice de nos fonctions nous initie peu à peu, sans que nous y pensions, à l'art de la *parole publique* et à la science si difficile du *gouvernement des hommes.*

DE L'ATTACHEMENT SINCÈRE QU'IL FAUT AVOIR POUR LA MAISON OU NOUS SOMMES PLACÉS

On comprend aisément la différence qui existe entre un jeune homme qui est professeur provisoirement, malgré lui, faute de mieux ; et un autre qui entre dans une maison *cum animo manendi*, et, à force de l'aimer, s'en fait comme une seconde famille. Quelle force que d'être disposé à donner, sans compter, son temps et sa peine ! Quel avantage que de connaître les habitudes, les traditions, l'esprit d'un collège ou d'un séminaire, le milieu social où l'on doit évoluer, la ville, la région, les anciens élèves ! Et quel ascendant n'assure pas, sur les jeunes gens, le seul fait de concentrer sur eux toute sa puissance d'affection et de dévouement ; de se consacrer à leur éducation sans arrière-pensée ; et de ne pas porter sans cesse ses regards, des élèves d'aujourd'hui, vers les paroissiens de demain !

Si nous nous sentons capables de ce dévouement sincère et profond, les occasions ne nous manqueront pas de le témoigner et de le développer :

a) *Par nos prières.* — N'oublions pas devant Dieu nos élèves, soit au cours de l'année scolaire, soit en vacances ; invoquons leurs Anges gardiens et les saints Patrons de la jeunesse studieuse.

b) *Par nos paroles.* — Parlons toujours avec sympathie de nos collègues, de nos supérieurs, de notre maison ; ne négligeons rien pour leur assurer, dans l'estime publique, une place honorable ; excusons les défauts et les imperfections inévitables et regardons-les comme des secrets de famille, qui ne doivent pas transpirer au dehors. Gardons-nous d'ailleurs, par l'effet d'un zèle mal entendu, ou par esprit de jalousie corporative, de dénigrer les œuvres rivales, leur personnel, leurs méthodes, le genre d'éducation qu'on y reçoit. Ce serait contraire à la justice, à la charité, à l'esprit sacerdotal, à la dignité même de notre caractère.

c) Par l'observation ponctuelle du Règlement des Maîtres, et l'assiduité inviolable aux exercices communs : Offices du Dimanche, Exercices quotidiens de piété, Conseils, Notes, Séances littéraires, Réunions des professeurs.

Ne sollicitons ni exemptions, ni privilèges, et usons rarement des dispenses.

d) Par l'accomplissement généreux de nos devoirs professionnels. — C'est la meilleure preuve de dévouement que nous puissions donner à l'œuvre commune. Surveillance, enseignement, direction spirituelle, prédication, soin des intérêts matériels, peu importe la besogne spéciale qui nous incombe. L'essentiel est de nous persuader qu'il y a là, pour nous, un devoir d'état, obligatoire en conscience ; et que nous sommes responsables, devant Dieu, soit du mal que nous aurions pu empêcher si nous avions été fidèles à notre poste, soit de l'état de langueur où notre négligence aurait réduit une âme, une classe, une division.

Si nous aimons vraiment nos fonctions et notre maison, nous irons même plus loin ; et, sans nous retrancher avec égoïsme dans les strictes limites de notre emploi, nous serons toujours disposés à accepter de bonne grâce les services supplémentaires qu'exigent parfois, dans une œuvre collective, la maladie ou l'absence d'un confrère, un accident imprévu, une fête extraordinaire, une circonstance exceptionnelle.

COMMENT IL CONVIENT DE TRAITER NOS SUPÉRIEURS, NOS CONFRÈRES, NOS ÉLÈVES, LES PARENTS DE NOS ÉLÈVES

A L'ÉGARD DE SES SUPÉRIEURS, un professeur doit être :

a) *Respectueux*. — Pour être sérieux et sincère, ce respect sera chrétien dans son principe. Il s'adressera, non à l'homme, mais à l'autorité dont les Supérieurs sont investis, et qui est comme une émanation de l'autorité de Dieu.

Il se traduira dans les paroles, en s'interdisant toute critique acerbe et maligne ; — dans les actes, en excluant toute résistance ou opposition systématique ; — dans certains témoignages extérieurs de déférence, suivant que les circonstances l'exigeront.

b) *Confiant*. — Il est très utile qu'un jeune professeur fasse part à ses Supérieurs des difficultés qu'il rencontre, des embarras où il se trouve, des abus qu'il s'efforce vainement d'extirper par ses seules forces.

C'est la condition essentielle pour qu'il puisse recevoir, en retour, les avis, directions et ordres qui l'empêcheront de s'engager dans une fausse voie.

A L'ÉGARD DE NOS CONFRÈRES.

a) *Soyons sociables.* — Evitons de vivre à l'écart, affectant des airs de misanthropes dédaigneux ou de farouches solitaires ; — de faire « bande à part, » organisant de petites coteries fermées ; — d'attacher trop d'importance aux petits froissements de la vie commune, défendant nos droits avec aigreur et âpreté.

b) *Soyons aimables* dans nos paroles. — Rendons volontiers hommage aux qualités, aux vertus, aux succès, aux talents de nos confrères. Gardons-nous surtout de prendre jamais les élèves pour confidents de nos griefs.

Soyons aimables dans nos procédés. — Conformons-nous simplement et modestement aux règles de préséance établies dans le diocèse ou dans la maison, sans vanité, ni humilité déplacée. Usons envers tous de cette politesse aisée, de ce respect sincère, de ces prévenances délicates, de cette charité indulgente qui sont le charme de la vie commune, et introduiront rapidement, dans nos collèges, le véritable esprit de famille.

c) *Soyons serviables.* — Prêtons-nous volontiers aux remplacements temporaires, aux échanges, aux sup-

pléances (1). Allons au devant des désirs de nos collègues.

A L'ÉGARD DES ÉLÈVES.

a) Restons toûjours *dignes*. — Pas de familiarité, ni
de camaraderie déplacée. Il faut que, dans toutes leurs
relations avec nous, les élèves sentent toujours le Prêtre
derrière le Professeur ou le Surveillant.

b) Soyons *justes* dans nos jugements et nos apprécia-
tions ; dans nos actes et nos procédés ; dans nos récompenses et nos punitions. — Rien ne ruine plus sûrement
l'autorité d'un maître que des apparences d'injustice ou
de partialité. — Deux excès sont ici à craindre : une
préférence injustifiée, provenant d'une affection trop
naturelle, et conduisant soit à une indulgence aveugle,
soit à des dangers plus graves encore ; — une antipathie
personnelle portant à une sévérité outrée, à des dé-
fiances odieuses, à des taquineries ou vexations ridi-
cules.

c) Essayons d'être à la fois *fermes et bons*. — Ni
mollesse, qui laisse fléchir la discipline, et transige volontiers avec la paresse et l'indocilité ; — ni rudesse et
excès de rigueur, qui étouffe la délicatesse, tue l'initiative, aigrit les cœurs, brise les volontés sans les
former.

(1) Est-il nécessaire d'ajouter qu'un professeur attaché à ses
fonctions doit avoir à cœur de les exercer par lui-même, et
que la délicatesse, autant que la discrétion, l'empêcheront de
solliciter trop souvent la bienveillante charité de ses confrères?

Sans doute ces qualités semblent malaisées à concilier dans la pratique. Le seul moyen d'y réussir, c'est d'aimer profondément et chrétiennement l'âme des enfants qui nous sont confiés.

A L'ÉGARD DES PARENTS DE NOS ÉLÈVES.

a) Soyons *polis*, gardant ce juste tempérament entre l'affabilité et la retenue, entre la simplicité et l'urbanité, qui doit être la règle du prêtre dans ses relations avec le monde.

b) Soyons *réservés*. — Souvenons-nous des prescriptions que contient le *Règlement des Maîtres* au sujet des repas, visites et séjours, dans les familles de nos élèves. *Major e longinquo reverentia* (1).

2° CE QU'UN JEUNE PROFESSEUR DOIT ÉVITER

Un zèle excessif et mal entendu, un caractère brouillon ou vaniteux peuvent parfois rendre inutiles les plus belles qualités, et paralyser les efforts les plus consciencieux. C'est pourquoi nous mettrons en garde certains débutants :

A) CONTRE L'ESPRIT D'INNOVATION. — Il y en a qui, dès leur sortie du Séminaire, se poseraient volontiers en redresseurs de torts, et prendraient, dès la première année, une attitude de hauts justiciers. A les voir, on

(1) *Règlement des Maîtres dans les Séminaires et les Collèges du diocèse d'Arras*, pp. 19 et suiv. — Arras, Sueur-Charruey, 1897.

croirait qu'ils sont envoyés de Dieu pour réformer l'emploi qui leur est assigné; renverser brusquement les usages établis, supprimer d'un seul coup toutes les imperfections qu'ils ont constatées dans un milieu si nouveau pour eux.

Soyons plus modestes et plus sages. Commençons par continuer ce qui a été fait avant nous; présumons, jusqu'à preuve du contraire, que les coutumes établies sont fondées sur de bonnes raisons; n'oublions pas que tout changement n'est pas progrès; craignons de perdre un avantage certain pour un profit douteux. Résignons-nous à faire le bien petit à petit, au jour le jour : les améliorations lentes et successives sont, d'ordinaire, les plus sûres et les plus durables : *Crescit occulto velut arbor ævo* (1).

B) CONTRE L'ESPRIT DE PRÉSOMPTION.

Ne soyons pas non plus de ceux qui pensent n'avoir rien à apprendre ni de l'expérience de leurs devanciers, ni des leçons contenues dans les ouvrages des maîtres les plus habiles; ou qui improvisent, au hasard des circonstances, leurs principes de direction, d'enseignement et d'administration.

Soyons persuadés, au contraire, que pour devenir vraiment un éducateur, il faut avoir la patience d'ob-

---

(1) Ces conseils ne sauraient avoir pour but d'entraver aucun progrès, ni d'enchaîner aucune liberté légitime. Mais il est dans l'intérêt des jeunes professeurs qui auraient quelque innovation à introduire, de la soumettre par avance au jugement de leurs supérieurs.

server, de consulter, d'étudier les règles et les lois de la
Pédagogie chrétienne.

II. — Notre Programme de Pédagogie

1° QU'EST-CE QUE LA PÉDAGOGIE ?

L'Éducation est l'art de former les enfants, en développant et en dirigeant leurs facultés physiques, intellectuelles, morales et surnaturelles.

Cet art exige, avec une certaine habileté pratique, de l'expérience, du tact, du dévouement.

Mais, comme les autres arts, il a ses règles ; il repose sur des principes ; il est gouverné par des lois. Ces règles, ces principes, ces lois, si l'on prend la peine de les réunir et de les coordonner, feront une science, à laquelle on a donné le nom de Pédagogie. La Pédagogie est à l'Éducation ce que la Rhétorique est à l'Éloquence, la Poétique à la Poésie, la Science médicale à la Médecine pratique. — Elle est donc la *Science de l'Éducation.*

2° A QUOI SERT LA PÉDAGOGIE ?

Il résulte immédiatement, de la définition précédente, que la Pédagogie est à la fois nécessaire et insuffisante.

Elle est nécessaire à l'éducateur, parce qu'elle codifie les résultats de l'expérience, et cherche à les justifier en les déduisant des lois générales de la nature humaine.— Elle est une méthode, et une méthode rationnelle.

Elle est insuffisante parce que l'éducation est à la fois un art difficile et un art complexe, très différent de la connaissance théorique de quelques règles abstraites et d'une érudition purement « livresque ».

a) L'éducation est un art difficile.

« Former un homme, dit Marion, est chose de finesse; c'est chose de péril. N'y hasardez pas l'infaillibilité d'une géométrie bien conçue, et n'en espérez point la tranquillité suprême des démonstrations bien conduites. Il y aura lutte; il y aura de l'imprévu; il y aura les brusqueries, les coups de tête, les défaillances, les relèvements, les inerties, les miracles de la nature active et libre. Il y aura tout le va-et-vient tumultueux, éclatant en harmonies ou dégénérant en chaos, qui est dans l'homme comme sur la mer (1). »

b) L'éducation est un art complexe, dans lequel on ne peut exceller sans des qualités très variées de cœur, de volonté, d'intelligence, d'initiative, de sens pratique, d'observation fine et avisée. L'éducation n'existe pas sans un éducateur, pas plus que la poésie sans un poète; et qui pourra dire tous les éléments mystérieux qui sont

______

(1) *Manuel général de l'Instruction primaire*, p. 13. — Paris, Hachette, 1884.

nécessaires à la lente élaboration d'un poète — ou d'un éducateur ?

3° *DIVISIONS GÉNÉRALES*

L'éducation étant l'art d'élever un enfant pour en faire un homme et un chrétien, consiste donc à développer toutes ses facultés, physiques, intellectuelles, morales, surnaturelles.

Mais la discipline étant, à nos yeux, un moyen général d'éducation, et comme l'âme d'un collège bien dirigé, c'est par là que nous commençons ce Précis de Pédagogie. Il se trouvera donc distribué naturellement sous des cinq titres suivants :

Titre   I. — De la Discipline.
Titre   II. — De l'Education physique.
Titre III. — De l'Education intellectuelle.
Titre   IV. — De l'Education morale.
Titre   V. — De l'Education religieuse.

TITRE I

DE LA DISCIPLINE

Nous traiterons d'abord de la Discipline en général ; nous en viendrons
ensuite aux Conseils et applications pratiquus.

SECTION I

De la Discipline en général

CHAPITRE I

Définition et Divisions

1º *DÉFINITION.*

On entend par Discipline l'ensemble des moyens des-
tinés à assurer l'ordre dans une maison d'éducation.

Il faut d'abord assurer l'ordre extérieur, le silence, la
ponctualité, la tenue, l'assiduité au travail. — Mais le
but final de la discipline, c'est d'établir l'ordre dans
l'âme ou la volonté des élèves, de former des cons-
ciences droites, des caractères énergiques, capables de

se suffire à eux-mêmes. En d'autres termes, la Discipline doit tendre, de toutes ses forces, à se rendre inutile.

Elle doit sans doute faciliter le gouvernement d'une classe ou d'une division ; mais elle doit surtout apprendre aux enfants le secret de se gouverner eux-mêmes pour mieux obéir à Dieu. Elle offre aux maîtres et aux élèves, des avantages immédiats, actuels et tangibles ; mais elle pense aussi à l'avenir ; elle veut préparer les hommes.

Il y a donc deux sortes de discipline : la discipline extérieure et la discipline intérieure. La première est nécessaire, mais insuffisante. Elle est un moyen dont la seconde est le but.

NÉCESSITÉ DE LA DISCIPLINE EXTÉRIEURE.

Vers 1890, on a essayé d'introduire, dans les lycées et collèges de l'État, une discipline dite libérale. Sous prétexte que l'école ne devait pas être une caserne, que le « système de compression et d'écrasement » avait trop duré, et qu'il était temps de « restaurer le sens moral », on a assoupli les règlements, adouci les mesures de rigueur, rendu l'autorité plus avenante et plus paternelle (1).

Nous n'avons pas à rechercher si, excellente dans ses vues, cette « réforme du régime intérieur des lycées » n'a pas dépassé le but, et si « paternel » n'est pas devenu, çà et là, synonyme de paterne.

(1) MARION, *l'Éducation dans l'Université*, chap. VIII et IX. — Paris, A. Colin.

Ce qu'il ne faut pas oublier, pour notre compte, c'est qu'une discipline exacte à maintenir les règlements, vigilante à prévenir le mal, ferme à réprimer les infractions est (1) :

a) La gardienne des mœurs (par la vigilance à l'étude, en récréation, au dortoir).

b) La garantie des fortes études (par le silence, un emploi raisonné du temps, la pureté du cœur).

c) L'inspiratrice du bon esprit (par l'exclusion de tout arbitraire).

d. La protectrice de la piété (par le recueillement et l'exactitude dont elle est une garantie).

e) La condition du bonheur (elle assure la prospérité, elle donne le sentiment de l'ordre).

INSUFFISANCE DE LA DISCIPLINE EXTÉRIEURE.

Sans une formation sérieuse de la conscience et de la volonté la discipline deviendrait :

a) une odieuse hypocrisie. Elle obtiendrait peut-être une tranquillité de surface, mais elle préparerait des orages redoutables ; elle materait l'élève, mais ne le formerait pas et risquerait de l'exaspérer.

b) Un non-sens ; car elle sacrifierait l'avenir au présent, et méconnaîtrait le but essentiel de l'éducation,

(1) DUPANLOUP, *de l'Education*, tome I, pp. 129, 130, 132. — Paris, Douniol.

MONFAT, *la Pratique de l'Education*, pp. 95 et suiv. — Paris, Retaux.

qui est de faire, non des *écoliers*, mais des *élèves*, des hommes et des chrétiens.

La Discipline extérieure est, à la Discipline intérieure, ce que l'écorce est à l'arbre qu'elle entoure. Apre et rude en apparence, elle retient la sève, et la force de monter ; elle conserve, elle protège, elle fortifie.

Mais la sève vaut mieux que l'écorce ; et l'arbre lui-même n'existe que pour produire des feuilles, des fleurs et des fruits.

2º DIVISIONS

Pour assurer une parfaite discipline, il faut le concours de plusieurs facteurs : l'autorité personnelle du maître ; — le caractère, le tempérament, la conscience morale des élèves ; — un souci constant de prévenir leurs fautes ; — des punitions ; — des moyens d'émulation, des récompenses.

CHAPITRE II

De l'Autorité personnelle du Maître

(Premier facteur de la Discipline)

« On dit beaucoup que l'autorité ne s'acquiert pas. Il est certain que les uns la possèdent sans même y penser; que d'autres n'y arrivent pas, malgré de grandes qualités et de grands efforts.

« Pourtant, avoir de l'autorité ou n'en avoir pas, cela met un abîme entre deux professeurs, puisque celui qui en manque est disqualifié par cela même, au point qu'il ferait mieux, pour lui et pour les autres, de tourner ailleurs son activité. Comme rien n'est sans cause, il vaut la peine au moins de se rendre compte de ce qui fait si grande l'autorité des uns, de ce qui annihile ou ruine, en moins de rien, celle des autres.

« Très nombreuses, quoique d'inégale importance, les causes et conditions de l'autorité sont physiques, intellectuelles et morales » (1)

(1) H. MARION, *l'Éducation dans l'Université*, chap. X, pp. 310 et suiv. — Nous ne connaissons rien qui égale, en finesse et en pénétration, sur ce sujet complexe, le chapitre que nous venons de citer.

Les Conseils pédagogiques donnés par « une ancienne normalienne » aux maîtresses chrétiennes de l'enseignement primaire s'en sont visiblement — et heureusement — inspirés. — Paris, Beauchesne, 1905.

1º CONDITIONS PHYSIQUES DE L'AUTORITÉ

A. — *La Taille et la Prestance* sont d'une importance relative — Nous ne pouvons rien d'ailleurs sur ces dons-là.

B. — *La Vue* joue un rôle important dans l'enseignement. La myopie complique étrangement la discipline. Heureux, au contraire, les maîtres qui ont de bons yeux et qui savent s'en servir pour *surveiller* — pour *dominer* leur jeune auditoire — pour *prévenir* les fautes — pour les *réprimer* silencieusement par une expression de surprise ou de mécontentement.

C. — *La Voix.* — Il n'est pas nécessaire que la voix soit *éclatante* : cela nuit plutôt. « Un professeur bruyant est presque toujours un professeur à qui l'on fait du bruit ». — Ceux qui parlent trop fort ont souvent une tendance à parler trop : autre moyen infaillible de n'être pas écouté.

Il suffit que la voix soit *nette*, bien timbrée, et qu'on s'en serve *intelligemment.* « L'attention qu'on obtient est presque en raison inverse de la voix qu'on donne », à condition qu'on ne dise rien d'inutile — qu'on n'ignore pas tout à fait l'art de la diction — et qu'on n'oublie pas de faire parler les élèves en temps opportun.

D) *La Tenue extérieure.* — Ni recherche, ni négligence dans la mise. — Éviter le sans-façon dans les attitudes, les mouvements, les postures, le langage. La dignité extérieure relève le prestige, révèle une âme maîtresse d'elle même, éveille en nous des sentiments élevés.

2º CONDITIONS INTELLECTUELLES DE L'AUTORITÉ

A) *Le Savoir*. — Il permet de faire des classes intéressantes — il donne de l'assurance — il laisse au maître toute sa liberté d'esprit.

Il faut savoir très bien pour se mettre à la portée des enfants ; choisir l'essentiel ; soutenir l'attention par des détails nouveaux, des comparaisons, des applications imprévues.

B) *La réputation de « force »*, et, par suite, les grades universitaires. — !ls créent, en faveur de ceux qui les possèdent, une présomption de science et de talent. Il en est de même des succès obtenus, des travaux publiés, de la conscience professionnelle avec laquelle on prépare sa classe, de tout ce qui fait la notoriété de bon aloi.

c) *Le jugement*. — C'est la qualité la plus nécessaire. Un ferme bon sens, qui distingue, au premier coup d'œil, ce qui est important, juste, pratique, et ce qui ne l'est pas ; qui sait graduer les récompenses et les punitions ; qui, sans être partial, sait tenir compte des circonstances et des caractères ; qui, sans se laisser duper, ne demande aux enfants qne ce qu'ils peuvent donner ; ce mélange de tact et de savoir faire qui sait tirer parti

des petits incidents qui se présentent, et choisir son moment pour donner un avis, une leçon, une réprimande ;
voilà qui ne se supplée pas, et qui, à la rigueur, supplée
à tout le reste.

3º CONDITIONS MORALES DE L'AUTORITÉ

A) *Une certaine réserve*, utile, au début surtout, pour
tenir à distance la gent écolière, si prompte aux empié-
tements. La familiarité est dangereuse, à plusieurs points
de vue.

B) *La constance dans la volonté*, l'accord avec soi-
même, la suite dans les desseins : *idem velle, idem nolle*.
« Le caprice, le décousu, l'humeur journalière, voilà ce
qui ruine le plus l'autorité..... Exiger peu, mais l'exiger bien ; menacer et promettre discrètement, mais ac-
complir toujours ses menaces et ses promesses, ces
moyens ne manquent jamais leur effet, et d'autant moins
qu'on suit plus simplement cette ligne ».

Par exemple, s'il s'agit de sanctions disciplinaires, qu'on
prenne soin de n'avoir qu'un seul poids et une seule mesure pour les mêmes cas ; de ne faire d'exception que
pour des raisons connues, et, au besoin, données publi-
quement ; de ne punir ou ne récompenser qu'à coup sûr
et en parfaite connaissance de cause ; — s'il s'agit de
l'emploi du temps, qu'on s'y tienne avec fermeté, sans

exclure toutefois quelque diversion utile ou quelque lecture agréable.

c) *La Cordialité*, qui rend aux élèves des services réels — s'intéresse à leurs peines, à leurs difficultés, à leurs chagrins, à leur santé — donne un avis utile, un mot d'encouragement, une bonne parole, avec rondeur, avec une pointe de malice, avec une bienveillance virile.

On ne saurait trop se mettre en garde, d'ailleurs, contre cette bonhomie mêlée de vanité qui fait qu'on parle trop de soi, et non toujours assez modestement ; qu'on se donne en pâture à une curiosité indiscrète ; qu'on répète des traits d'esprit déjà connus, attendus, provoqués. On croit amuser les élèves, et, en effet, ils s'amusent de vous...

CHAPITRE III

Du Tempérament, du Caractère, de la Conscience des Enfants

(Deuxième facteur de la Discipline)

L'éducation est chose individuelle. Tel moyen qui réussit avec cet enfant échouera avec cet autre. Sans doute, dans un collège, il faut une règle uniforme. Mais que de différences dans l'application !

1° *DU TEMPÉRAMENT*

Il faut tenir compte du tempérament de chaque enfant.

Le tempérament, c'est la constitution physique de l'homme.

Or qui n'a remarqué l'importance capitale de la constitution physique ?

Non seulement elle révèle ce que nous sommes, mais elle détermine réellement, pour une bonne part, nos qualités et nos défauts : et par là même, elle doit influer sur le choix des moyens et des méthodes d'éducation.

Les tempéraments peuvent se ramener à quatre types fondamentaux :

Les Sanguins — les Nerveux — les Bilieux — les Flegmatiques (1).

Sans doute les hommes réels sont plus complexes. Ils sont aussi plus mobiles. Il est bon cependant, pour un éducateur, de connaître les types principaux qui, plus ou moins mélangés, se rencontrent dans les individus vivants.

2° DU CARACTÈRE

Il faut tenir compte du caractère de chaque enfant.

Le Caractère, c'est la constitution morale de l'homme; c'est l'ensemble de ses tendances, innées ou acquises, résultat de l'hérédité, des habitudes, du milieu, de l'éducation, de la libre action de l'homme sur lui-même.

Or il est utile de savoir :

a) *Les qualités et les défauts des enfants en général.* Leur psychologie est aisée à faire. On connaît leur besoin de mouvement et de bruit, leur curiosité instinctive, leur faculté d'observation et d'imitation : voilà pour les sens ; — la mobilité de leur attention, la facilité de leur mémoire, la force de leur imagination ; leur ten-

---

(1) M. l'abbé Guibert a consacré à cette classification tout un chapitre de son excellent opuscule sur *le Caractère.* — Paris, Poussielgue, 1905. Nous prenons la liberté d'y renvoyer le lecteur désireux de contempler des portraits pittoresques et expressifs.

dance à généraliser, leur répugnance à abstraire, à raisonner, à réfléchir : voilà pour leur intelligence ; — la brièveté et la vivacité de leurs émotions, leur versatilité, la puissance de leurs désirs, leur faiblesse de volonté : voilà pour la partie affective et active de leur être.

Nous indiquerons plus loin, sous les titres d'Education intellectuelle et d'Education morale, les conclusions à tirer de ces observations, au point de vue spécial qui nous occupe.

b) Il faut surtout se rendre compte du *caractère de chaque enfant en particulier.*

Conversations, jeux, exercices scolaires, tout peut être un indice, aux yeux d'un observateur sagace et réfléchi. L'idéal serait de consacrer, à chaque enfant, une page sur laquelle on consignerait, au fur et à mesure, le fort et le faible de sa nature, les moyens de le prendre et d'agir sur lui, son développement, ses transformations, ses fautes et ses progrès (1).

3° *DE LA CONSCIENCE*

Il faut tenir compte de la puissance de certains motifs sur la Conscience morale des enfants.

(1) Nous avons connu un professeur qui, au début de l'année, priait ses élèves de lui faire sincèrement, en deux pages, leur portrait physique, intellectuel et moral.

Cette méthode n'est peut être pas toujours d'un emploi facile. Mais entre les mains d'un homme expérimenté et sûr de son autorité, elle peut fournir, avec des indications précieuses, un puissant moyen d'action.

La plupart d'entre eux ont un sentiment très net et très vif de la *Justice*. Ne heurtons pas ce sentiment ; — évitons toute partialité, toute prévention, tout excès dans la louange ou la répression.

Ils ont une idée très précise de leurs *Droits*. Ils sont même portés à les exagérer. Respectons leurs droits véritables : — faisons bonne justice de l'égoïsme que révèlent leurs réclamations injustifiées.

L'idée de *Vérité* a, sur quelques-uns, une grande puissance. Habituons-les à la franchise, à la loyauté, à l'horreur de l'hypocrisie, du respect humain.

Nous verrons plus loin les moyens de développer en eux le sentiment du *Devoir*, l'amour du *Sacrifice*, l'*Initiative* personnelle.

Où trouver de plus puissants facteurs de la Discipline et de l'Education ?

CHAPITRE IV.

Des moyens de prévenir les fautes des Élèves

(Troisième facteur de la Discipline)

1° *AVANTAGES DE LA DISCIPLINE PRÉVENTIVE* :

a) Pour les élèves, à qui on épargne à la fois fautes et punitions ;

b) Pour les maîtres, qui risquent moins de compromettre leur autorité, et qui comprennent mieux leurs fonctions d'éducateurs ;

c) Pour le Collège lui-même, dont « l'esprit » sera d'autant meilleur que l'on aura moins de sanctions à y appliquer.

2° *MOYENS.*

A) MOYENS EXTÉRIEURS OU MATÉRIELS.

a) Placement des élèves. — Mettre près de soi les élèves sujets à caution, — séparer ceux qui ne se conviennent pas, on s'entendraient trop bien pour faire des sottises — entremêler les élèves plus raisonnables et ceux qui le sont moins. — Ne jamais faire connaître en public la raison du classement.

b) Un horaire et un emploi du temps nettement déterminés, et clairement signifiés aux élèves.

c) La bonne tenue des salles de classe et d'étude, des réfectoires, des cours.

C'est une question d'hygiène, de bon ordre, de formation morale. « Le désordre engendre le désordre. »

B) MOYENS MORAUX.

a) Etre toujours arrivé avant les élèves, quand on est chargé de quelque surveillance ou présidence.

b) Tout voir. — Ne pas être dupe. — Tâcher d'acquérir la réputation de quelqu'un qui voit clair. Une allusion, un sourire, un regard suffisent pour montrer qu'on est sur ses gardes.

c) Voir sans regarder. — Pas de surveillance inquiète, tracassière, soupçonneuse, qui aigrit les bons élèves et pousse les autres à l'hypocrisie.

Lorsqu'un manquement est dû à l'oubli ou à la légèreté, et qu'il est opportun de ne pas le réprimer, faire semblant de ne pas s'en apercevoir.

d) Ne rien prendre au tragique. — Rester toujours calme, ou attendre que l'émotion soit calmée. — Spécialement s'il s'agit d'une faute grave, ne pas sévir immédiatement, mais se borner à fixer le moment où le coupable comparaîtra devant nous ou devant l'autorité supérieure. L'attente et l'incertitude de la punition, outre qu'ils sont salutaires aux enfants, nous permettent de réfléchir.

e) Arrêter les fautes dès le commencement. — Puissance du regard — de certains intervalles de silence — d'un signe — des avertissements particuliers — des avertissements donnés par un tiers — des avertissements publics — des avertissements préalables (à la veille d'une sortie, d'une fête, d'une circonstance critique) (1).

C) MOYENS SURNATURELS. — Prier pour nos élèves — Réveiller en eux les pensées de la foi, surtout dans nos entretiens particuliers avec eux. Cette méthode, outre son utilité immédiate, a l'avantage de préparer progressivement nos élèves à l'apprentissage de leur liberté (2).

(1) Cf. MONFAT, *la Pratique de l'Education chrétienne*, pp. 282-287. (Paris, Rétaux, 1889).

(2) Cf. DEMENTHON, *Directoire du Prêtre éducateur*, p. 71. — BARBIER, *la Discipline dans quelques écoles libres*, p. 143.

CHAPITRE V

Des Punitions

(Quatrième facteur de la Discipline)

I. — POURQUOI FAUT-IL PUNIR?

Non par caprice — ni par despotisme — ni par ven-
geance — ni par plaisir (1); mais :

a) Parce que c'est juste. La règle est une loi ; toute
infraction à une loi appelle une réparation. Laisser, par
faiblesse, les fautes sans châtiment serait fausser la
conscience de l'enfant. Il serait le premier à s'en étonner,
tout en s'en félicitant.

b) Parce que c'est nécessaire au bon ordre. Il serait
naïf de s'imaginer qu'on pourra toujours détourner les
élèves du mal par la persuasion, l'émulation ou l'ascendant de l'autorité morale.

(1) « Le maître encourage ; l'apprenti punit. Le maître tâche
de se mettre au point de vue des enfants ; l'apprenti siège bien
au-dessus d'eux, et pontifie de là-haut. Le maître est, de cœur,
un enfant, et, de tête, un homme ; l'autre a la dureté de
l'homme et l'irréflexion de l'enfant. Le premier sot venu peut être
sévère ; mais pour être vraiment cordial, il faut une spéciale
bénédiction de Dieu ».

Un Educateur anglais (Ed. Thring), par H. Brémond. — *Revue
des Deux Mondes,* 15 septembre 1903.

c) Parce que c'est utile, en certains cas, à l'amendement du coupable.

II. — QUAND FAUT-IL PUNIR ?

a) Quand la faute est certaine. — Risquer de punir un innocent, c'est une injustice ; c'est une maladresse.

b) Quand la faute est délibérée ou témoigne une mauvaise volonté évidente. Pour les fautes commises par irréflexion ou étourderie, se contenter habituellement d'une réprimande ou d'une punition légère.

c) Quand la faute est publique — Sinon le remède est souvent pire que le mal (Exception faite pour les cas où il y aurait danger de contamination morale, et où, dès lors, s'imposent des mesures énergiques).

III. — COMMENT FAUT-IL PUNIR ?

a) Les punitions doivent être, autant que possible, proportionnées au méfait. — Sinon elles seront injustes — inefficaces — funestes à l'autorité du maître. « Ménager son autorité, c'est gagner de l'autorité ». Par conséquent « que notre souveraine étude soit de ne jamais dépenser plus d'autorité qu'il ne faut pour être obéi (1) ».

b) Les punitions doivent être « médicinales », c'est-à-

---

(1) « Prendre le plus haut ton du commandement pour faire avancer d'un pas trois élèves ; ordonner formellement quand un regard, un signe peuvent suffire, c'est poser soi-même les limites de son pouvoir, et tomber dans un ridicule que les élèves ne laisseront pas échapper »,

dire choisies de manière à porter remède à la faiblesse ou à la passion d'où procède la faute. On ne réprime pas de la même manière un acte de paresse, une impertinence, une méchanceté, une habitude de gourmandise, un mensonge.

c) Elles ne doivent pas être trop multipliées. Il n'y a rien de bon à attendre d'un enfant blasé sur le châtiment. Il ne faut pas qu'on puisse jamais nous accuser d'avoir « pris en grippe » certains élèves, et de mettre, à réprimer leurs moindres vétilles, un parti-pris qui aurait quelque chose d'odieux.

d) Elles ne doivent pas être partiales. Laisser voir des préférences, c'est ruiner soi-même son prestige. Ne pas confondre d'ailleurs l'équité avec une justice étroite et aveugle qui ne veut avoir égard à aucune circonstance atténuante, au passé de l'enfant, à son caractère bien connu (1). Les anciens eux-mêmes préféraient à la « règle de fer » la « règle de plomb ».

e) Elles ne doivent pas être générales, à moins que la faute elle-même ne soit générale (Se défier de ces moyens hasardeux — injustes — et qui sont comme une prime à la délation).

f) Elles doivent être données froidement, sans humeur ni colère. L'élève est bien plus impressionné par un maître qui punit avec calme, à regret, par devoir, que

____

(1) C'est pour cette raison qu'avant de donner une punition, il faut tenir compte de la sensibilité de l'élève. Tel peut être profondément ému par une ombre de punition, dont souriraient des enfants moins délicats.

par une sorte d'adversaire qui a l'air de venger une injure personnelle. Pour le même motif, on doit éviter, en donnant une sanction, l'emploi de termes blessants. C'est ce que les élèves pardonnent le moins, et non sans raison. Rien de plus contraire à la charité, à l'amour des âmes, à notre propre dignité : rien aussi de plus inutile qu'une expression de mépris à l'égard d'un élève, quel qu'il soit (1).

g) Elles doivent toujours laisser une issue ouverte au repentir et à la réparation. Ne jamais supposer qu'un enfant est incorrigible. Ne jamais le décourager. Appliquer parfois « la loi Bérenger », c'est-à-dire la condamnation avec sursis.

h) La punition une fois donnée, exiger qu'elle soit intégralement et exactement accomplie. Mieux vaut punir moins, et n'avoir pas recours aux amnisties. Les punitions ne doivent être pardonnées qu'exceptionnellement, et toutes ensemble, à l'occasion d'une fête ou d'une visite extraordinaires (2).

i) La punition faite, ne pas bouder l'élève, ni souffrir qu'il boude. Sachons oublier. Faisons mieux que de le dire : prouvons-le par notre conduite. N'allons pas d'ailleurs jusqu'à sourire au coupable et lui faire trop

(1) Cf. BARBIER, p. 151.

(2) Une punition particulière ne doit être levée, croyons-nous, que dans le cas d'une erreur manifeste. Mais alors elle doit l'être sans hésitation. Reconnaître qu'on s'est trompé, ce n'est pas un déshonneur ; c'est un acte de justice et de loyauté.

tôt des avances, qui passeraient à ses yeux pour l'aveu d'une injustice ou l'expression d'un regret (1).

IV. — DES DIFFÉRENTES ESPÈCES DE PUNITIONS.

« Le maître qui inflige une punition se conforme, à cet égard, aux usages de chaque maison (2). » Nous ne pouvons donc ici qu'énumérer les différentes sanctions disciplinaires :

a) Les Notes hebdomadaires, avec les récompenses et les punitions qu'elles comportent (3).

b) Les Pensums ; les devoirs à recommencer, les leçons à apprendre ou à copier, etc. (4).

c) Les Arrêts pendant les Récréations. — Veiller, pendant l'hiver, à ce que cette punition ne nuise pas à la santé, et la remplacer par une promenade solitaire et silencieuse. — Ne pas prolonger ces arrêts outre mesure, sous peine d'énerver les enfants à qui le mouvement et le bruit sont indispensables.

---

(1) Ces règles sont forcément générales, et ne sauraient suffire à trancher tous les cas : « Il n'y a rien où il faille plus de diversité, disait Madame de Maintenon ; on ne peut là-dessus faire de règles. Le bon sens en doit décider ».

(2) *Règlement des Maîtres dans les Séminaires et les Collèges du diocèse d'Arras*, p. 42.

(3) Sur le système des notes dans les collèges dirigés par les Jésuites, Cf. BARBIER, pp. 120-128.

(4) Sur les inconvénients du Pensum proprement dit, lire les pages spirituelles de Mgr Dupanloup, *De l'Éducation*, tome II, pp. 389-382.

d) Les retenues de promenade.

e) Les privations d'arts d'agrément, de bain, etc.

f) Le pain sec.

g) Les retenues de sortie.

h) Mettre à genoux à l'étude, en classe, au réfectoire, à la chapelle.

i) Isoler un élève à l'étude ou en classe ; le faire jouer à l'écart en récréation.

j) Suspendre ou exclure de la Congrégation, de la Conférence, des charges et dignités ;

k) Mettre à la porte de la classe ou de l'étude. Pour quels motifs et dans quelles conditions : voir notre *Règlement des Maîtres*, p. 51.

l) Les châtiments corporels sont absolument proscrits en France, même à l'égard des petits enfants (1).

m) Le renvoi de la maison, pour les cas exceptionnels ou désespérés (2).

Nota. — Il sera bon de déterminer, dans chaque maison, les punitions dont peuvent user les surveillants et professeurs, et celles qui sont réservées aux supérieurs. — Certaines enquêtes, en raison des fautes sur lesquelles elles portent, ne peuvent avoir lieu qu'avec l'agrément ou par les soins de l'autorité supérieure (3).

(1) Cf. DUPANLOUP, *ibid.*, pp. 385-389 ; p. 397.
Sur le *Signum*, moyen d'associer les élèves à la surveillance et à la répression des fautes purement disciplinaires : Cf. *Histoire du Petit Séminaire d'Arras*, p. 57.
(2) Cf. DUPANLOUP, pp. 415-416.
(3) Cf. DEMENTHON, p. 92.

Avant d'établir un système disciplinaire, on se souviendra qu'avec les jeunes gens, du moins, les punitions morales sont préférables, pour beaucoup de raisons, aux punitions matérielles ; et que leur effet dépend surtout de l'idée qu'un maître habile en donne aux élèves, et du caractère qu'il leur attribue (1).

(1) DUPANLOUP, *ibid*, p. 396. — On trouvera dans cet ouvrage, p. 402-414, le système disciplinaire établi par l'abbé Dupanloup, au Petit Séminaire de Paris. Il y divise les fautes en quatre catégories : fautes à réprimer, à corriger, à réparer, à expier. Ces pages abondent en détails pratiques et « vécus ».

CHAPITRE VI

De l'Émulation et des Récompenses

(Cinquième facteur de la Discipline)

I. — DÉFINITIONS

L'Émulation est le sentiment qui nous pousse à égaler ou à surpasser quelqu'un en mérite. On a dit d'elle que c'était « l'envie de faire mieux que les autres » ; que c'était « un amour-propre agissant ». Sa devise, en tout cas, pourrait être la parole qui décida de la conversion de saint Augustin : *Non potero quod isti, quod istæ ?*

Pour une grande part, l'Émulation est donc faite d'amour-propre ; comme l'ambition, elle aspire à la gloire et au succès, mais stimulée par des ambitions concurrentes, et pour dépasser des rivaux *(æmulus)*. — Elle n'est pourtant par un sentiment exclusivement égoïste. Quand elle est ce qu'elle doit être, il s'y mêle toujours une aspiration désintéressée vers le bien, quelque chose du pur amour de la perfection. Le rôle de l'éducateur doit être précisément de faire dominer ce second élément sur le premier (1).

Pour exciter l'émulation, on peut user de tout ce qui peut développer chez les élèves le sentiment de l'honneur, éloges, diplômes, décorations, distinctions, dignités et charges ; ou distribuer des récompenses proprement dites, en réservant ce nom aux avantages réels et appréciables qu'assure le mérite.

II. — UTILITÉ DES RÉCOMPENSES ET DES MOYENS D'ÉMULATION

Il serait assurément désirable de ne faire appel, dans l'éducation, qu'au sentiment du devoir et à l'esprit de foi. Mais si ces motifs désintéressés ne suffisent même pas pour conduire les hommes, comment réussiront-ils à obtenir des enfants l'effort pénible, et la persévérance, plus pénible encore, à défaut desquels il n'y a pas de formation proprement dite ? Condamner l'émulation, c'est se tromper deux fois ; c'est trop compter sur les forces de l'âme humaine, et c'est trop se défier de quelques-unes de ses tendances qui comptent cependant parmi les plus puissantes et les plus fécondes. Nous ajoutons que

(1) Cf. COMPAYRÉ, *Cours de Pédagogie*, p. 433. — Paris, Delaplane, 1898.
Il est aisé de voir, par ce qui précède, en quoi l'émulation diffère de la jalousie. Celle-ci est un sentiment purement égoïste, malveillant, stérile, c'est-à-dire, qui se borne à s'attrister de ne pas posséder un avantage, sans chercher à l'acquérir.

c'est aller contre l'avis unanime des plus célèbres pédagogues (1).

III. — DANGERS ET INCONVÉNIENTS

a) Eveiller ou développer la vanité.

b) Habituer les enfants à ne travailler qu'en vue d'une récompense, et les exposer, par suite, à l'égoïsme, à l'avarice, à l'envie, à l'ambition.

c) Décourager certains élèves dont la bonne volonté reste toujours infructueuse.

d) Faire honorer, non le mérite, mais le succès.

IV. — PRINCIPAUX MOYENS D'ÉMULATION

a) Le classement des élèves par ordre de mérite.

b) Les éloges décernés en particulier, devant la classe, devant la division, devant les maîtres et les élèves réunis.

« Qui n'encourage jamais, décourage. » — « A mesure qu'on a plus d'esprit, disait Pascal, on trouve qu'il y a plus de gens originaux. A mesure qu'un professeur a plus d'intelligence et de bonté, il trouve plus d'élèves intéressants, plus de lueurs et de promesses dans les gaucheries même des plus humbles (2). »

c) Les éloges écrits, sous forme de Bulletins hebdo-

(1) Cf. COMPAYRÉ, pp. 434-436.

(2) MARION, *l'Education dans l'Université*, p. 358.

Toute cette page est à lire. On peut la rapprocher des sages conseils de VÉRIN, *Abrégé de Pédagogie*, pp. 36-37.

medaires, ou mensuels, où trimestriels. Ils ont de grands avantages, et pour constater périodiquement la conduite des élèves, et pour établir le concert des maîtres et des familles (1).

d) Un système de Notes sagement combiné. Si l'on veut apprendre, d'un maître dans l'art de l'éducation, ce que sont les Notes, à quoi elles servent, à quelles conditions elles doivent satisfaire, où et quand il convient de les proclamer, on se reportera à l'un des derniers chapitres du grand ouvrage de Mgr Dupanloup sur l'*Education* (2).

e) Les sanctions données aux bonnes Notes dans certaines maisons sous forme de Décorations, de Témoignages de satisfaction, d'Inscription au Tableau d'honneur, de Prix d'honneur.

f) Les Dignités dans les Congrégations. — dans les Académies — les Charges diverses confiées aux élèves les plus méritants (3).

V. — DES DIVERSES ESPÈCES DE RÉCOMPENSES

Sans parler ici des récompenses purement matérielles (friandises, cadeaux, argent) qui répondent seulement à

____

(1) Monfat, p. 201-209.

(2) Tome III, pp. 509-520.

Avec les petits enfants, le système des bons points paraît préférable. Les *Conseils pédagogiques* donnent là-dessus des renseignements très détaillés ; pp. 47-68.

(3) Le P. Barbier nous fait connaître, sur nous ces points, les usages des Jésuites (pp. 138-143).

des tendances inférieures, on peut assurer, aux élèves les plus méritants, des avantages d'un autre ordre par les Immunités ou Exemptions (1), les Sorties de faveur, les Images et les Prix.

VI. — PRÉCAUTIONS A PRENDRE DANS L'EMPLOI DES MOYENS D'ÉMULATION.

a) En ce qui concerne les éloges, y mettre de la mesure ; la louange donne vite le vertige ; la louange exagérée fausse le jugement ; — y mettre de la précision, pour réduire à de justes proportions la joie de l'élève, et l'animer à faire mieux encore : *Quæ quidem retro sunt obliviscens, ad ea vero quæ sunt priora extendens meipsum* (PHILIPP. III, 13) ; — ne pas louer toujours les mêmes ; se montrer très exigeant pour ceux qui peuvent beaucoup ; au contraire, faire valoir les moindres efforts des élèves faibles, et « trouver des rayons, même dans des réponses un peu troubles » (Marion) (2).

b) En ce qui concerne les Notes, Mgr Dupanloup a signalé avec beaucoup de netteté tous les écueils à éviter : on peut se fier à son expérience (3).

c) En ce qui concerne les Dignitaires et les Congréganistes, il faut que tous les Professeurs usent, en public, à leur égard, de certains ménagements, sauf à leur faire

(1) BARBIER, p. 158.
(2) MONFAT, pp. 199-209 ; DEMENTHON, p. 94.
(3) DUPANLOUP, III, 515-525.

retirer, s'il est nécessaire, les faveurs dont ils ne seraient plus dignes (1).

d) En ce qui concerne les Récompenses, s'attacher à couronner, non seulement le succès obtenu, mais, dans la mesure du possible, le devoir accompli. Faire entrer en ligne de compte, pour l'attribution des Prix d'honneur, de sagesse, de diligence, non seulement les compositions et les examens, mais la valeur morale des élèves, leur conduite, leur application ; et quand il s'agit des autres prix, faire, du travail habituel et de l'effort soutenu, un élément nécessaire du triomphe définitif (2)

(1) BARBIER, pp. 118-139.
(2) MONFAT, pp. 215-216.

SECTION II

Conseils et Applications pratiques

CHAPITRE I

De la Discipline pendant les Récréations

I. — OBSERVATIONS GÉNÉRALES

1° Un surveillant qui débute, dans une division ou dans une maison, doit, pendant les premières semaines, observer une réserve extrême à l'égard des élèves, se dérober à toute conversation, s'efforcer de demeurer impénétrable. Les raisons de cette attitude sont faciles à trouver (1)

b) Il doit exiger, dès le début de l'année, toute la régularité qu'ils s'est proposé d'obtenir. A mesure que l'année s'avancera, les difficultés croîtront (2).

c) Il doit être lui même très exact et précéder toujours les élèves. Comment obtiendra-t-il d'eux le respect de la règle, s'il commence par la traiter avec sans gène?

(1) BARBIER, pp. 32-34.
(2) Id. p. 76.

Et si son absence est le prétexte ou le signal d'un désordre, n'en est il pas le premier responsable ?

d) Il doit être très vigilant. Son rôle ne se borne pas à être présent au milieu des élèves ; il doit avoir l'œil sur chacun d'eux, surtout sur ceux qui ont le plus besoin de surveillance et dont le nombre est ordinairement restreint. (1)

Il s'interdit rigoureusement toute lecture, toute conversation suivie.

e) Il ne doit pas être passif. Il ne ne se contente pas de voir le mal, il y porte remède. D'un regard, d'uu geste, il arrête à propos les enfants ; par un compliment mérité, une parole d'intérêt, une observation faite en tête à tête, un reproche, une menace, un commandement ferme, il les maintient ou les fait rentrer dans le devoir. Ce sont des jeunes gens qu'il sépare ; un jeu qu'il organise, une difficulté qu'il aplanit. Il n'hésite pas à triompher, pour arriver à ces résultats, de la timidité, de l'amour-propre, et peut-être d'une certaine paresse (2).

f) Rien ne remplace, au point de vue de l'autorité, l'ascendant personnel qu'un surveillant sait prendre peu à peu sur chaque élève en particulier. Sinon, le maître reste isolé ; il connaît mal les élèves ; ses observations ont un ton officiel auquel la bonne volonté ne fera jamais écho (3).

Cet ascendant s'acquiert, soit dans l'exercice même

(1) *Règlement des Maîtres*, p. 38 ; BARBIER, pp. 77-81.
(2) *Règlement des Maîtres*, p. 38.
(3) BARBIER, p. 82.

de la surveillance, soit dans des entretiens particuliers avec les élèves, dans la forme et dans les limites où le permet le *Règlement des Maîtres* (1).

II. — CE QU'IL FAUT EMPÊCHER OU DÉFENDRE PENDANT LES RÉCRÉATIONS.

a) De quitter la cour sans permission. Il faut être intraitable là-dessus et n'admettre aucune exception.

b) De stationner et de former des groupes dans la cour (2). C'est le moyen de couper court aux pe'ites conspirations, aux critiques acerbes, aux conversations à voix basse.

c) De s'échelonner le long des murs dans des postures nonchalantes, ou de s'asseoir, sauf dans des circonstances très rares.

d) De jouer des mains, de rester deux en tête à tête, de former des cercles peu nombreux et exclusifs (3).

e) De se porter en cohue sur un point ; toutes les fois que les élèves se pressent en grand nombre pour se laver les mains, acheter, etc., les ranger sur une seule file.

(1) Id. pp. 35-40.
(2) Rien n'est plus gênant, à ce point de vue, pour un surveillant de récréation, que la présence d'un confrère inexpérimenté qui se laisse ou se fait entourer, dans la cour, de certains élèves empressés à interrompre leurs jeux...
Les entretiens, très désirables d'ailleurs, des maîtres avec les élèves, ont lieu de préférence, pendant certaines études déterminées, et toujours dans un lieu ouvert (*Règlement des Maîtres*, p. 13).
(3) Id. p. 87 ; p. 89.

f) De se mettre en retard pour les rangs (1).

g) De contracter et d'entretenir des amitiés particulières. A quels signes on les devine, quels remèdes il convient d'employer, contre quelles erreurs il faut se mettre en garde, c'est ce que l'expérience et le bon sens auront vite appris (2). Un jeune surveillant ne peut mieux faire, en pareil cas, que d'en référer immédiatement à ses Supérieurs et de suivre leurs avis.

h) A l'approche des fêtes, congés et circonstances extraordinaires, il faut, par un air grave, réservé, attentif, prévenir les élèves qu'on est sur ses gardes.

III. — CE QU'IL FAUT FAVORISER EN RÉCRÉATION

A) LES JEUX. — Ils sont nécessaires à la santé des enfants — à la vigueur de leur esprit — à la correction de leurs défauts — à leur contentement et à leur bonheur (3).

Sur le choix des jeux, il est difficile de trouver un guide plus compétent et plus complet que l'ouvrage du P. de Nadaillac sur les *Jeux de Collège* (4).

(1) Le P. Barbier indique plusieurs expédients à employer pour arriver à ce résultat (pp. 71-74).
(2) Id. pp. 91-94.
(3) DUPANLOUP, III, pp. 607-611.
« Mes enfants, disait l'abbé Allemand, quand vous jouez bien, les Anges sont contents de vous, et moi aussi ».
(4) Paris, Delalain.

Pour qu'une cour de récréation conserve toujours son entrain et son animation :

a) Il est indispensable que les élèves aient des instruments de jeux en bon état et en abondance ;

b) Que les parties commencent de suite. C'est ici que le surveillant aura souvent à combattre l'indolence ou le caprice de certains élèves. Pour ne pas s'épuiser en pure perte, il demandera aux meilleurs joueurs d'entraîner et de soutenir les autres ; il aura prévu tous les détails d'organisation, stimulera les uns, encouragera les autres, se souvenant toujours que s'il ne doit pas faire tout par lui-même, tout dépend, en somme, de son initiative, de son activité, de sa bonne humeur et de son entrain (1). —

c) Dans les moments où ils ne sont pas chargés de la surveillance, ce sera toujours, pour tous les maîtres, une œuvre louable que de prendre part aux jeux et aux récréations des élèves. Notre *Règlement des Maîtres* nous y pousse, et nous indique la méthode à suivre pour rendre cet apostolat fructueux (2).

B) LE BON ESPRIT. — Qu'est-ce que le bon et le mauvais esprit dans une maison, ou une division ? Le bon esprit, dit notre *Règlement des Maîtres*, c'est « l'amour, le goût et comme la passion du bien » (3). Le

---

(1) On lira avec intérêt, dans le livre du P. Barbier, le portrait du surveillant qui, en récréation, sait comprendre et remplir son rôle. (P. 113-114).

(2) P. 15-17.

(3) Id. p. 61.

mauvais esprit, dit Mgr Dupanloup, c'est « la haine du bien, et le prosélytisme du mal » (1).

Or, la grande affaire du surveillant, en récréation, est de maintenir et de diriger l'esprit de sa division. « Il n'y a pas ici de règle à lui tracer, dit le R. Barbier. Tout le succès dépend de son savoir-faire, de son tact, de sa fermeté. » Voici seulement des conseils pratiques :

a) Se montrer satisfait dès les premiers jours de l'année ; dire du bien des élèves devant eux, devant leurs maîtres, tout en faisant exécuter fermement la règle.

b) Ne jamais adresser à personne le reproche de *mauvais esprit*. C'est un reproche qu'on accepte très difficilement, même quand il est justifié, et qui ressemble trop à un procès de tendance. Ne punir jamais que pour tel ou tel cas bien déterminé.

c) Parler aux enfants et agir envers eux avec une grande loyauté. Une explication nette tranche les difficultés, fait évanouir les idées préconçues, dissipe les malentendus (2).

(1) *De l'Éducation*, III, p. 489.
Le chapitre de Mgr Dupanloup sur *le mauvais esprit dans une bonne maison d'éducation* est classique. (*Ibid.* pp. 482-498).
(2) BARBIER, pp. 100-101.

CHAPITRE II

De la Discipline pendant les Promenades

I. — DES PROMENADES OU L'ON NE JOUE RAS

a) Veiller sur les rangs. « Conserver l'alignement, et empêcher les lacunes sont deux soucis du surveillant. » La surveillance et le savoir-faire sont ici également nécessaires (1).

b) Veiller sur les conversations. A quels signes devine-t-on les conversations légères ou dangereuses ? Et que peut-on faire pour les interrompre ou les empêcher ? Seul, un « homme du métier » peut donner, là dessus, des renseignements précis et utiles (2).

(1) Voir dans le P. Barbier, les conseils techniques, (p. 171)
(2) Id, pp. 172-174.

« Les conversations trop bruyantes, plus encore, les causeries à voix basse, les rires immodérés, la manière d'examiner les personnes qui passent, une certaine mollesse dans l'allure, la contrainte et le silence à l'approche du surveillant sont des signes qui ne trompent guère. Faites-en votre votre profit. Allez et venez fréquemment ; inspectez les rangs, comme pour y maintenir l'ordre ; portez sur chaque élève un regard clair, quand il passe devant vous... Si quelque rang vous cause une inquiétude plus sérieuse, dites d'une voix brève, en passant, « qu'on se tient mal », et n'insistez pas autrement » *c*) Veiller sur la bonne tenue. C'est la tenue des élèves en promenade qui permet de juger, à coup sûr, du bon ordre d'une maison, et de l'éducation qu'on y reçoit. S'arrêter devant les vitrines, dévisager et fixer les passants, pousser des cris, jeter des cailloux, stationner çà et là en badauds, sont de graves manquements à la bonne éducation.

d) Pour des motifs différents, on défend aux élèves de faire l'aumône en ville, d'acheter quoi que ce soit pendant les promenades, de se coucher sur l'herbe ; on leur permet rarement de s'asseoir ; et c'est alors que la vigilance doit redoubler (1).

II. — DES PROMENADES OÙ L'ON JOUE

Relativement aux jeux, les observations sont les mêmes, ou peu s'en faut, que pour les récréations proprement dites.

Notre *Règlement des Maîtres* engage vivement les Maîtres qui peuvent le faire à s'adjoindre aux surveillants de semaine (2).

III. — DES PROMENADES OÙ LES ÉLÈVES VONT AU BAIN

a) Éviter de laisser approcher des autres les élèves qui ne se baignent pas.

(1) Id. p. 170.
(2) P. 18. — Cf. *Histoire du Petit Séminaire d'Arras*, p. 328.

b) Imposer le silence rigoureux dans les cabines.

c) Dans le bain, interdire aux élèves de se pousser, de se jeter de l'eau, de se toucher en aucune façon, même sous le prétexte de s'aider à nager (1).

(1) Barbier, p. 174.

CHAPITRE III

De la Discipline à l'étude

I. — QUALITÉS D'UN BON SURVEILLANT D'ÉTUDE

a) *Être prévoyant*. — Il y a moins d'imprévu à redouter en étude qu'en récréation. Le Surveillant « marche ici sur un terrain battu ; mais les faux pas y sont plus dangereux ; on s'en relève moins aisément. Son talent est d'empêcher les abus et le désordre de naître, et d'assurer, par une prévoyance infatigable, le fonctionnement régulier d'un service connu d'avance » (1).

Avant l'étude, assurer l'aération, l'éclairage, le chauffage, la propreté, l'ordre. Rien ne remplace l'œil du maître.

Après l'étude, inspection et contrôle analogues.

b) *Être silencieux*. — S'interdire absolument toute observation faite à haute voix. C'est toujours inutile.

______

(1) Id. p. 155.
Nous ne parlons pas ici du placement des élèves à l'étude, parce que ce soin incombe généralement au préfet de discipline. Cf. *Règlement des Maîtres*, p. 40.

C'est souvent dangereux. « Une autorité muette, tel est l'idéal de cette présidence » (1).

c) Être vigilant. — Dans les premières semaines, le Surveillant se refusera, dans l'intérêt même de sa liberté future, toute lecture, toute occupation étrangère à ses fonctions. Que les élèves ne puissent pas lever les yeux sans rencontrer son regard. Qu'il note même, dans ces premiers temps, sans affectation, et plutôt en secret, tous les manquements, afin de rendre très exactes ses Notes hebdomadaires.

Une fois son autorité établie, il suffira qu'il évite toute étude ou occupation absorbante. Son regard doit parcourir l'étude à tout instant ; car souvent on l'observe, on l'épie pour saisir le moment de lui échapper (2).

d) Avoir du sang-froid ; rester toujours calme et digne : *Nil mirari.* C'est devant une fermeté maîtresse d'elle-même, c'est devant l'égalité dans la conduite, que s'incline la résistance des enfants.

II. — OBJETS DE SA SURVEILLANCE

a) Les prières. — « Le regard et l'attitude du Maître commanderont le silence, avant le signe de la croix. Il exigera que les élèves aient les bras croisés.

Il récitera les prières d'une voix ferme et distincte, sans rien précipiter, avec les pauses convenables. Son

(1) *Règlement des Maîtres*, p. 40.
(2. BARBIER, p. 102.

extérieur le montrera, à la fois, vigilant et recueilli (1). »

b) *Le silence*, et un silence absolu, réclamé à la fois par la discipline, le travail, et la moralité.

C'est à obtenir ce résultat que tendent tous les conseils donnés en tête de ce chapitre.

Il faut, de plus, s'attacher à créer, dans l'étude, comme une atmosphère de calme et de respect. « Une porte qui s'ouvre ou se ferme bruyamment, des pas pesants ou précipités, les papiers qu'on froisse, les objets qu'on laisse tomber, les pupitres qu'on ferme sans précaution, sont autant de causes de dérangement dans le travail... » Il faut s'ingénier à donner aux enfants l'habitude du silence d'action (2).

c) *Le travail*. — Le Maître d'étude doit s'en occuper : le silence n'est qu'un moyen ; c'est le travail qui est le but. Le surveillant circulera donc de temps en temps, pour contrôler au moins le genre d'occupation de chaque élève. — Cependant, à moins de raisons très spéciales, il n'enterviendra pas directement dans la répression de la paresse, afin de ne pas gêner l'action du professeur. — Il se contentera, le plus souvent, de renseigner exactement celui-ci, soit par des avis oraux, soit

(1) BARBIER, p. 61.
(2) Id. p. 160.
Il est impossible d'entrer ici dans tous les détails. Nous renvoyons au livre du P. Barbier pour ce qui concerne les permissions à accorder ou à refuser (p. 164) ; la manière de réprimer les fautes isolées et les défauts généraux (p. 157-158) ; la conduite à tenir en cas de chuchotements et de murmures (p. 165) ; la nécessité de surveiller de très près le commencement et la fin des études (Id.)

par le carnet de contrôle, ou cahier de correspondance (1).

d) *La bonne tenue et les bonnes mœurs.*

Pour cela surveiller les lectures et les livres. — Exiger strictement que les élèves aient toujours les mains sur la table.

De toutes ces observations, il est aisé de conclure à l'importance et à la difficulté des fonctions confiées aux surveillant d'étude.

Aussi « l'autorité les tient-elle en grande estime, et les choisit-elle parmi ses collaborateurs les plus dévoués et les plus sûrs (2). »

(1) Id. p. 161.
(2) *Règlement des Maîtres*, p. 40.

CHAPITRE IV

De la Discipline en Classe

I. — SA NÉCESSITÉ

La classe ne profite aux élèves que dans la mesure où ils sont appliqués et attentifs. Sans une ferme discipline, l'enseignement le plus brillant peut être stérilisé. Ce serait d'ailleurs une grande erreur de croire que le silence arrête l'élan des élèves et nuit à l'entrain de la classe (1).

II. — LA PREMIÈRE CLASSE DE L'ANNÉE : SON IMPORTANCE

L'impression qu'on donne de soi, à ce premier contact, est décisive. C'est le moment de s'emparer des élèves. Pour cela, supprimer tout discours d'ouverture : rester impénétrable, sans être ni hautain, ni gourmé ; se contenter des indications nécessaires ; tâcher de bien connaître, le plus tôt possible, les noms et les figures. — Dès qu'on peut le faire utilement, placer ses élèves (2) ;

(1) BARBIER, p. 149 ; p. 151.
(2) BARBIER, p. 147.

dicter l'horaire et l'emploi du temps ; profiter de la première velléité de dissipation pour y couper court, non pas en la prenant au tragique, ni en « faisant un exemple » dès la première heure, mais en laissant entendre par un geste, un sourire, un regard, un instant de silence, un bref rappel à l'ordre, — qu'on sait à quoi s'en tenir, et qu'on est décidé à ne rien laisser passer d'incorrect.

III. — MOYENS D'OBTENIR EN CLASSE UNE EXACTE DISCIPLINE

1º AVANT LA CLASSE, veiller à l'ordre et à la propreté. C'est un moyen de s'épargner bien des ennuis, et de se concilier la sympathie des élèves. Tables, murs, parquets, cartes et tableaux, tout mérite ici l'attention du professeur.

Exiger des élèves eux même une tenue extérieure convenable ; et leur donner l'exemple sous ce rapport (1).

2º AU DÉBUT DE LA CLASSE : être soi-même d'une exactitude mathématique ; faire entrer les élèves dans un ordre parfait ; ne laisser venir personne à la chaire en ce moment ; faire la prière posément ; demander immédiatement les leçons, pour éviter le brouhaha, l'agitation, les conversations particulières.

(1) VÉRIN (pp. 23-25) donne là-dessus des détails pittoresques.

3° Pendant la classe : on peut considérer ce que le professeur doit empêcher, et ce qu'il doit obtenir.

Ce qu'il faut empêcher :

a) Le tumulte général, l'agitation, les chuchotements, les « ricanements. » Nous indiquerons plus loin les sanctions à appliquer en pareils cas.

b) Les conversations à voix basse, et même les réflexions et demi-mots échangés à tout propos (1).

c) Les attitudes et les gestes équivoques (2).

d) Toute occupation étrangère au cours (3).

e) Les sorties fréquentes pour aller chercher un objet ou un devoir oubliés.

Ce qu'il faut obtenir, c'est l'attention, l'entrain, l'émulation. Dans ce but :

a) Avant chaque classe, se fixer nettement un programme, afin de ne pas hésiter une seconde entre deux exercices; mettre dans ce programme une certaine variété (4).

b) Accorder de temps en temps quelque répit (histoire, lecture, anecdote). Ce repos doit être court; et le professeur ne doit pas cesser de tenir sa classe en main.

c) Savoir rendre sa classe intéressante (5).

(1) Barbier, p. 148.
(2) Id., p. 149.
(3) Id., p. 149.
(4) Vérin, pp. 26-27.
(5) Sur ce dernier point, voir plus loin, DE L'ÉDUCATION INTELLECTUELLE ; *Directions communes à tous les professeurs.*

IV. — RÉPRESSIONS ET SANCTIONS

a) Envoyer le délinquant au tableau ; lui donner l'ordre de continuer une explication ou de répéter un raisonnement. S'il répond bien, on lui fait remarquer que ce n'est pas une raison, parce qu'il sait, pour déranger ceux qui ont besoin de l'écouter. S'il ne répond pas ou s'il répond mal, l'embarras même où il se trouve l'humilie et le neutralise. Ici encore, pas n'est besoin d'appuyer sur l'ironie. On parle presque toujours trop. L'interrogation sérieuse et froide, avec attente suffisamment prolongée des réponses, sans autre sanction qu'un avis très calme et très bref, moins encore, un silence ; voilà ce qui porte le mieux (1).

b) Le silence. « On n'en sait pas assez la vertu, ni combien l'observer est un moyen de l'obtenir. » — Ne pas en abuser cependant : « Ce moyen n'en serait plus un, si l'on y sentait l'artifice (2). »

c) Toutes les fois qu'il s'agit d'infractions ordinaires et isolées contre la discipline (bavardages, légéreté, inattention), il suffira de se souvenir des conseils donnés plus haut sur les moyens de prévenir et de réprimer les fautes des élèves (section I, chap. IV et V).

d) S'il s'agit d'une insolence, d'une série de répliques impertinentes, d'une insubordination grave, on se con-

(1) MARION, p. 329.
(2) MARION, p. 330.
A un autre point de vue, il importe qu'un professeur ne soit pas dupe des ruses et des supercheries scolaires.
On parcourra avec intérêt les pages de Marion sur ce sujet, hélas ! inépuisable (pp. 331-338).

formera aux sages avis donnés par notre *Règlement des Maîtres* (1).

e) Enfin si l'on se trouve en face d'un désordre général, il faut d'abord éviter de se fâcher. Un homme maître de lui, surtout quand il doit gronder ou punir, a une grande supériorité sur celui qui perd son sang-froid. — Il ne faut jamais parler au milieu du brouhaha, dût-on, la première fois, attendre longtemps le silence. — Il faut éviter, comme inutiles, les observations vagues et les admonestations générales (2), les *chut, taisez-vous, qui est-ce qui parle?* etc. Ce système suffirait à lui seul pour ruiner l'autorité d'un maître, et ne servirait qu'à constater son impuissance. Si l'on a une punition à infliger ou un reproche à faire, il faut qu'ils tombent sur tel élève, pour une raison bien déterminée ; lorsqu'on ne connaît pas immédiatement les principaux coupables, mieux vaut attendre, rechercher les causes du désordre, et frapper à coup sûr.

On évitera soi-même, et d'élever la voix, et de dire des paroles inutiles. En général, on posera en principe qu'on ne veut pas être interrompu ; que, pour questionner, un élève doit y être autorisé (3).

(1) « Plus grand par sa raison et par son cœur, il ne cède pas à la mesquine prétention d'avoir contre eux le dernier mot... » (P. 51).

2) Pour des raisons analogues, il faut se garder de dénigrer une classe entière, soit en public, soit dans les entretiens particuliers. Ces récriminations sont à la fois inutiles, injustes et maladroites. Elles reviennent toujours aux oreilles des élèves et les démoralisent.

(3) *Conseils pédagogiques*, pp. 19-24.

CHAPITRE V

De la Discipline au Réfectoire

La surveillance, au réfectoire, embrasse à la fois la discipline, la bonne éducation, les conversations, lorsqu'il y a lieu.

I. — Pour obtenir le *silence*, soit dans les défilés, soit à table, les principes, les règles de conduite et les sanctions sont les mêmes qu'aux chapitres précédents.

II. — Il faut, de plus, faire observer aux élèves les règles de la *bienséance*, combattre la mollesse dans la tenue, l'habitude de gesticuler avec son couteau ou sa fourchette, la bizarrerie dans la manière de manger, la malpropreté, le gaspillage du pain, la gloutonnerie, l'abstention systématique de toucher à certains plats, les taquineries et vexations mutuelles, la familiarité avec les domestiques.

III. — Les *colloques* sont une source de nouvelles préoccupations. Parfois la liberté de parler produit une sorte d'effervescence difficile à calmer; parfois les dehors les plus corrects ou l'affectation de la gaieté servent à cacher des conversations grossières ou dangereuses ; des critiques acerbes contre la règle ou contre l'autorité chargée de l'appliquer.

On n'a guère qu'une action indirecte sur ces sortes d'abus ; et pour les combattre, il faut faire appel ou aux élèves de choix, ou au directeur de conscience (1).

(1) Sur ce chapitre, Cf. BARBIER, pp. 176-180.

CHAPITRE VI

De la Discipline au Dortoir

« La surveillance dans les dortoirs entraîne une responsabilité plus grande que partout ailleurs (1). » Il s'agit, en effet, d'y assurer :

a) Un *silence religieux*, aussi rigoureux qu'à la chapelle. Les surveillants donneront ici l'exemple ; à leurs collègues, comme aux élèves, ils ne parleront que dans le cas d'absolue nécessité, et le plus brièvement possible. Que, dès le premier jour, il soit bien entendu que toute dissipation au dortoir est passible d'un punition éclatante.

b) La *propreté*, soit dans la toilette, soit dans le soin des lits et des alcôves.

c) L'*exactitude* pour le lever — pour la sortie du dortoir — pour le coucher (2).

d) Si le surveillant remarquait, au dortoir, une absence dont il ne connaîtrait pas le motif, il devrait la notifier immédiatement à l'autorité.

(1) *Règlement des Maîtres*, p. 41.
(2) Le P. Barbier fait connaître les moyens de contrôle, sanctions, industries diverses, en usage chez les surveillants de dortoir dans les collèges tenus par les Jésuites (pp. 184-188).

Pour assurer ces services multiples, le surveillant ne doit jamais s'absenter du dortoir, même pour peu de temps, sans s'être fait remplacer ; — il est aidé par un service de rondes, et, dans quelques maisons, par un veilleur, qui passe à intervalles indéterminés ; — il doit observer à l'égard des élèves au dortoir, une discrétion et une réserve absolues ; non seulement il n'entre jamais dans les alcôves et ne s'approche pas du lit des enfants, mais il ne cause même pas avec eux à l'entrée des chambres ; il y exposerait sa fidélité et y compromettrait sa réputation (1).

(1) Id. pp. 183-184 ; *Règlement des Maîtres*, pp. 13-14.

TABLE DES MATIÈRES

Arras. — Imp. SUEUR-CHARRUEY, rue des Balances, 10.